Von träumenden Schafen und
schmunzelnden Krähen

Von Träumenden Schafen und Schmunzelnden Krähen

24 Gedichte zum Wiehern und Quieken, Tschilpen und Fiepen

Gereimt von Werner Holzwarth
Illustriert von Sabine Wiemers

Pattloch

BEIM TIERARZT (1)

Dem Specht ist es schlecht.
Das Schwein hat's am Bein.
Dem Huhn tut der Zeh
einfach mörderisch weh.

Dann ein Herrchen mit Hund –
beide gesund.
Was wollen die denn hier?

VOM VOGEL, DER AUTOS MAG

Ich bin nicht schön,
da hast du recht.
Trotzdem:
Mein Leben ist nicht schlecht.
Und noch viel schöner wird's, hihi,
parkt unter mir ein ESS JUH WIE.

... oder dein Fahrrad.

FRAU STACHELSCHWEIN BEIM FRISEUR

Ich hätt gerne auf die Schnelle
eine schöne Dauerwelle.

Was, das geht nicht?

... oder einen Bubikopf?
Mir stände auch ein langer Zopf.

Geht auch nicht?

Dann schneiden Sie halt nur die Spitzen.
Sie Amateur
von Friseur ...

IM SCHUHGESCHÄFT

»Ach, wie schön, er kommt herein.
Das könnte unser Glückstag sein.

Schnell, geht hin, sagt guten Tag.
Fragt, was er zu trinken mag.
Kaffee, Wasser, süßen Wein
oder soll's Champagner sein?

Ganz egal, was er begehrt,
dieser Kunde ist es wert.«

»Schönen guten Tag, Herr Tausendfüßler.«

DEM STINKTIER STINKT'S

(aber nicht immer)

Ich bin ein Stinktier.
Und manchmal stinkt's mir.
Dann wär ich lieber
ein kleiner Biber.

Doch kommt mir einer dumm,
schwupps, dreh ich mich um.
Ziel mit dem Po und spritze.
Die Wirkung: einfach spitze!

Dann denk ich: Macht doch Sinn,
dass ich kein Biber bin.

Ich bin ein Schaf
bin immer brav,

mach Mäh und schlaf.
Mach Mäh und schlaf.

Doch wenn ich einmal träum im Schlaf,
mach ich nicht Mäh,

dann mach ich: BÄH.

BÄH, BÄH, BÄH

Doch nur im Schlaf.
Ich Schaf.

ALS DAS GNU KÜRZLICH ÜBER

Gno? No.

Gnö? Nö.

Gni? Ich weiß nicht ...

Gnuper?
Ja, Gnuper wäre super.

APPELL DES HASEN IM WINTER

Baut Schneemänner, Kinder.
Gibt nichts Schön'res im Winter.

Drei Kugeln, zwei Äste
und das Allerbeste:
die Möhre als Nase.
Los, baut!

Euer Hase

PANZERNASHORNS NACHTGEBET

Lieber Herrgott, bitte mach,
dass, wenn ich morgen früh erwach,
jedes Kind, ob groß, ob klein,
weiß: Das muss ein Einhorn sein.

BITTE DES SPATZEN AN DEN PFAU

Ich wär so gerne schön für dich.
Ich finde mich so fad.
Pfau, bitte komm und rette mich:
Sei nett, leih mir dein Rad.

DIE EULE AM NACHMITTAG

Augen auf ...

Augen zu ...

Augen auf ...

Augen zu ...

Augen auf ...

Augen zu ...

Augen auf:

Was?!!! Es ist erst Nachmittag?!!!

Ich arme Eule

hab sooooo Langeweule.

DER STÖR AUF DER PARTY

»Wer bist du?«
»Ich? Das Nashorn.«
»Ich? Der Elefant.«
»Ich? Die Amsel. Und du?«
»Ich? Stör.«

»Nein, du störst nicht.
Warum denkst du, dass du störst?
Hast du ein Problem?«

EIN ÄLTERES FAULTIER

LERNT BUCHSTABIEREN

BEIM TIERARZT (2)

Du bist ein kleiner Hund.
Dein Hals ist kurz und rund
und tut dir manchmal weh?

Mir kommen gleich die Tränen!

Bei mir schmerzen zwei Meter
und vierzehn Zentimeter.

KUH KNOWS

I am a Kuh, and how are you?
Warum ich Englisch kann, fragst du?!

Hab mich in Ochsford mal verknallt.
War nur ein kurzer Aufenthalt.

EHEPAAR FLIEGE IM 5-STERNE-LOKAL

»Okay, ich nehm als Vorspeise
Häppchen von der Meise.
Als Hauptgang die Äpfel vom Pferd.
Nein, halt, verkehrt:
lieber die Fladen
mit Maden
von der Kuh.
Und du?«

»Ich? Nur was Kleines.
Aber auch Bio –
den Puma-Kot aus Rio.«

Kleinigkeiten

Häppchen von der Mei...
Guano aus Galapagos
Kolibristuhl
Pumakot aus Rio
Osterhasenköttel

Tipp der Woche:
Wombat-Quadrate

Hauptspeisen

Frischer Bärendreck
Kuhfladen mit Ma...
Äpfel vom Pferd

AM SONNTAG AUF DER WIESE

Sieben Stunden saß die Katze
mit erhob'ner linker Tatze
geduldig vor dem Mäuseloch.
Kann sein, sie tut es immer noch,
träumend von dem Leckerbissen ...
Nun, wir werden's niemals wissen.

Denn an dieser Stelle musste ich dringend
nach Hause zum Abendessen.

DER AAL AN KARNEVAL

Geh ich nun als Klapperschlange?
... wär auch 'ne super Bohnenstange!

Vielleicht als Hai?
Als Nackedei?

Mit grünem Haar als Pinie?
Vielleicht ganz schlicht als Linie.

Nein, nein, ich geh wie jedes Mal
als Meter-zwanzig-Lineal.

DIE EINTAGSFLIEGE UND DAS KIND

Ja, ich leb nur einen Tag.
Und du fragst, ob ich das mag?

Nun, vergleich ich mich mit dir,
bin ich gern ein Eintags-Tier:

Jeden Morgen früh aufsteh'n,
gleich danach zur Schule geh'n.

Nach der Schule Hausaufgaben.
Wer will denn schon sowas haben?

Und das alles jahrelang.
Nein, das wär mein Untergang.

Gegen acht dann husch ins Bett —
nö, das fänd ich gar nicht nett.

Allerdings ...

die Ostergeschenke ...

die Weihnachtsgeschenke ...

die Geburtstagsgeschenke ...

die Sommerferien ...

die Herbstferien ...

hmmmm ...

DER HUNGRIGE SPECHT

Tocktock:
Made.

Tocktock:
Made.

Tocktock:
?

Tocktocktock:
??

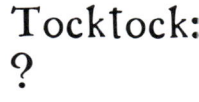

Tocktocktocktocktock:
??????

»... schade.«

ENTSCHULDIGUNG, ICH NOCHMAL

Um Mitternacht
vom Baum gekracht.

Jetzt mit Beule
eure Eule

LIESELOTTE, DIE MOTTE

Ich bin eine Motte
und heiße Lieselotte.

Was? Du meinst,
Motten hätten keinen Vornamen?!

Okay, bin schon still –
und fress schön weiter an deinem Wollpullover.

HÄNSCHEN MAI, PAPAGEI

Ich bin ein Papagei,
und heiße Hänschen Mai.

Was gibt's da zu lachen?

Wär's dir lieber, ich wäre ein Geier
und hieße Uwe Meier?

'ne quakende Kröte und hieß Gustav Göhte?
Ein rötlicher Käfer, Name: Fritz Schäfer?
Ein Kitz namens Schmitz?
Ein Wal namens Aal?
Ein Zebra aus Bebra?
Ein Huhn aus Gabun?
Ein Fohlen aus ...

... so plapperte Hänschen Mai immer munter weiter.
Auch noch, als ich schon längst aufgehört hatte
mitzuschreiben.

DER HUNDEFLOH

Ich bin Max, der Hundefloh.
Ich leb auf einem Hundepo.
Der Po gehört 'nem Beagle.

Und wenn ich einmal traurig bin,
dann denke ich so vor mich hin:
Zum Glück ist es kein Igel.

© 2024 Pattloch Verlag
Ein Imprint der Verlagsgruppe Droemer Knaur GmbH & Co. KG, München

Satz: Christina Krutz, Biebesheim am Rhein
Gesamtherstellung: Drukarnia Dimograf Sp. z o.o., Bielsko Biała

ISBN 978-3-629-00989-0
www.pattloch.de

2 4 5 3 1